Amazing Animal Facts
Handwriting Workbook

This book belongs to

_____

- -

_____

Sentence Writing Directions
1. Trace over the GRAY letter
2. Trace over the DOTTED letters
3. Write the sentence twice on the next two lines

This workbook contains:
52 pages of A-Z animal fact sentence writing
13 Word Find puzzles about animals
26 Cryptogram puzzles with animal facts
26 Unscramble animal words on lined pages
2 Prompts for handwriting practice on lined pages
6 Lined pages for more handwriting practice

A a

Ants are farmers.

Ants are farmers.

Ants have two stomachs.

Ants have two stomachs.

A a

Ants are super strong.

Ants are super strong.

Ants don't have ears.

Ants don't have ears.

B b

Bats are mammals.

Bats are mammals.

Some bats hibernate.

Some bats hibernate.

B b

Bats are nocturnal.

Bats are nocturnal.

Most bats feed on insects.

Most bats feed on insects.

Word Search

J	C	E	M	N	K	Q	N	Y	H	X	H
O	C	O	D	K	K	C	A	V	E	Z	D
O	U	J	K	A	N	T	S	I	T	M	X
E	F	W	H	I	S	U	K	Z	K	I	O
B	P	I	E	I	H	T	S	G	D	Z	F
I	M	I	T	F	B	M	O	B	A	T	S
F	N	A	H	G	A	E	D	M	D	U	U
Q	U	S	M	S	S	R	R	E	A	R	S
L	X	D	E	M	O	M	M	N	D	C	X
L	P	Z	S	C	A	J	X	E	A	X	H
S	T	C	U	C	T	L	X	N	R	T	J
P	D	W	I	N	G	S	S	R	Z	S	E

Ants   Ears

Bats   Farmers

Hibernate   Mammals

Stomach   Insects

Wings   Cave

Cryptogram Facts

A ___   ____'   _A__   _A__ .   ____ "_A_"
1 14 20 19   4 15 14 20   8 1 22 5   5 1 18 19 .   20 8 5 25   8 5 1 18

__   _____   ___A_____   __   ___
2 25   6 5 5 12 9 14 7   22 9 2 18 1 20 9 15 14 19   9 14   20 8 5

_____   _____   _____   ____ .
7 18 15 21 14 4   20 8 18 15 21 7 8   20 8 5 9 18   6 5 5 20 .

Write in the letter on the line above the corresponding number to uncover an animal fact.

Example: A=1, B=2

A	B	C	D	E	F	G	H	I	J	K	L	M
1	2	3	4	5	6	7	8	9	10	11	12	13
N	O	P	Q	R	S	T	U	V	W	X	Y	Z
14	15	16	17	18	19	20	21	22	23	24	25	26

____   ___   __   ___   ____   _____
2 1 20 19   19 5 5   9 14   20 8 5   4 1 18 11   21 19 9 14 7

_____ .   ____   ____
5 3 8 15 12 15 3 1 20 9 15 14 .   13 15 19 20   2 1 20 19

____   __   _____ .   _____   _____
6 5 5 4   15 14   9 14 19 5 3 20 19 .   23 8 9 12 5   15 20 9 5 18 19

___   _____ ,   ____   __   _____   _____ !
5 1 20   6 18 21 9 20 ,   6 9 19 8   15 18   5 22 5 14   2 12 15 15 4 !

C c

Camels live 40-50 years.

Camels live 40-50 years.

Camels run about 25 mph.

Camels run about 25 mph.

C c

Long eyelashes keeps sand
out of their eyes.

They eat grass and twigs.
They eat grass and twigs.

D d

Deer can swim and jump.

Deer can swim and jump.

A group of deer is a herd.

A group of deer is a herd.

D d

Deer are in cave paintings.

Deer are in cave paintings.

Deer antlers grow very fast.

Deer antlers grow very fast.

Word Search

Z	L	H	E	R	B	I	V	O	R	E	S
U	K	I	R	W	G	X	W	F	A	W	N
Y	O	L	S	T	H	D	H	A	W	B	E
O	Q	Z	Q	T	C	Q	E	N	T	N	R
M	B	O	E	Y	E	L	A	S	H	E	S
S	U	X	D	C	S	Q	C	Y	E	L	R
C	C	B	E	J	C	J	A	S	L	R	U
I	K	Z	E	S	P	E	M	J	W	V	T
Y	Y	S	R	A	N	S	E	H	P	V	K
V	Z	W	L	N	S	S	L	T	E	P	W
B	D	W	D	D	N	V	C	Z	D	R	H
K	A	N	T	L	E	R	S	T	S	V	D

Camel	Herd
Sand	Water
Deer	Herbivores
Antlers	Eyelashes
Desert	Buck

Cryptogram Facts

7   3 7 14 26 5 23   2 13 14 20   17 23   11 4 1   12 17 5 5 26 19

6 17 1 2   6 7 1 26 8 .   17 1   17 23   12 17 5 5 26 19   6 17 1 2

23 1 4 8 26 19   12 7 1   6 2 17 3 2   3 7 11   10 26   13 23 26 19

6 2 26 11   12 4 4 19   17 23   5 17 14 17 1 26 19 .

A	B	C	D	E	F	G	H	I	J	K	L	M
7	10	3	19	26	12	16	2	17	21	24	5	14

N	O	P	Q	R	S	T	U	V	W	X	Y	Z
11	4	20	15	8	23	1	13	25	6	22	9	18

14 7 5 26   19 26 26 8   16 8 4 6   11 26 6   7 11 1 5 26 8 23

26 25 26 8 9   23 20 8 17 11 16 .   1 12 26 17 8   4 5 19

7 11 1 5 26 8 23   12 7 5 5   4 12 12   17 11

6 17 11 1 26 8 .

E e

Eagles have hooked beaks.

Eagles have hooked beaks.

Bald eagles are not bald.

Bald eagles are not bald.

E e

Eagles are carnivores.

Eagles are carnivores.

Eagles can live 30 years.

Eagles can live 30 years.

F f

Foxes are smelly.

Foxes are smelly.

Foxes like to live alone.

Foxes like to live alone.

F f

They have excellent hearing.

They have excellent hearing.

Foxes are extremely playful.

Foxes are extremely playful.

Word Search

F	G	B	P	D	U	S	Q	R	F	B	I
E	U	L	L	C	Z	R	M	H	P	O	I
L	M	V	A	A	C	I	I	E	C	Y	T
F	W	Z	Y	R	I	Y	L	B	L	S	N
E	X	R	F	N	D	E	N	S	Q	L	C
K	Z	S	U	I	G	B	D	Q	S	T	Y
F	N	I	L	V	T	E	U	E	K	D	P
E	O	A	Q	O	K	A	A	Y	M	A	V
A	G	X	N	R	N	G	V	L	C	S	U
R	D	J	E	E	E	L	A	I	O	X	A
S	S	F	H	S	S	E	T	R	O	N	R
B	E	A	K	F	T	S	H	U	G	I	E

Eagles   Dens

Foxes   Nest

Carnivores   Beak

Smelly   Alone

Playful   Ears

Cryptogram Facts

$\overline{21}\ \overline{11}\ \overline{3}\ \overline{7}\ \overline{21}\ \overline{13}$ $\overline{6}\ \overline{24}\ \overline{23}\ \overline{7}\ \overline{2}$ $\overline{26}\ \overline{9}\ \overline{21}\ \overline{23}\ \overline{18}$ $\overline{8}\ \overline{21}\ \overline{13}\ \overline{26}\ \overline{13}$ $\overline{11}\ \overline{26}$

$\overline{26}\ \overline{9}\ \overline{21}$ $\overline{10}\ \overline{21}\ \overline{18}\ \overline{25}$ $\overline{26}\ \overline{1}\ \overline{17}$ $\overline{1}\ \overline{14}$ $\overline{26}\ \overline{18}\ \overline{21}\ \overline{21}\ \overline{13}$ $\overline{13}\ \overline{1}$

$\overline{26}\ \overline{9}\ \overline{21}\ \overline{23}\ \overline{18}$ $\overline{21}\ \overline{3}\ \overline{3}\ \overline{13}$ $\overline{4}\ \overline{23}\ \overline{7}\ \overline{7}$ $\overline{6}\ \overline{21}$ $\overline{13}\ \overline{11}\ \overline{14}\ \overline{21}$.

A	B	C	D	E	F	G	H	I	J	K	L	M
11	6	16	2	21	14	3	9	23	19	12	7	15
N	O	P	Q	R	S	T	U	V	W	X	Y	Z
8	1	17	22	18	13	26	24	10	4	20	25	5

$\overline{14}\ \overline{1}\ \overline{20}\ \overline{21}\ \overline{13}$ $\overline{11}\ \overline{18}\ \overline{21}$ $\overline{8}\ \overline{1}\ \overline{16}\ \overline{26}\ \overline{24}\ \overline{18}\ \overline{8}\ \overline{11}\ \overline{7}$ $\overline{4}\ \overline{9}\ \overline{23}\ \overline{16}\ \overline{9}$

$\overline{15}\ \overline{21}\ \overline{11}\ \overline{8}\ \overline{13}$ $\overline{26}\ \overline{9}\ \overline{21}\ \overline{25}$ $\overline{11}\ \overline{18}\ \overline{21}$ $\overline{11}\ \overline{4}\ \overline{11}\ \overline{12}\ \overline{21}$ $\overline{11}\ \overline{26}$

$\overline{8}\ \overline{23}\ \overline{3}\ \overline{9}\ \overline{26}$. $\overline{26}\ \overline{9}\ \overline{23}\ \overline{13}$ $\overline{23}\ \overline{13}$ $\overline{4}\ \overline{9}\ \overline{21}\ \overline{8}$ $\overline{26}\ \overline{9}\ \overline{21}\ \overline{25}$ $\overline{9}\ \overline{24}\ \overline{8}\ \overline{26}$.

G g

Geckos are usually colorful.

Geckos are usually colorful.

The smallest gecko is 3/4".

The smallest gecko is 3/4".

G g

Geckos are nocturnal.

Geckos are nocturnal.

Most can regrow their tail.

Most can regrow their tail.

H h

Hyenas hunt in packs.

Hyenas hunt in packs.

Hyenas run up to 37 mph.

Hyenas run up to 37 mph.

H h

Their jaws can crush bones.

Their jaws can crush bones.

Hyenas are very intelligent.

Hyenas are very intelligent.

Word Search

X	E	Z	C	E	P	V	B	E	H	D	I
C	O	L	O	R	F	U	L	U	P	T	N
C	E	Q	S	E	H	Y	E	N	A	S	V
N	O	M	G	J	M	P	Q	I	Q	I	E
O	E	R	E	W	N	A	U	T	Y	X	C
C	K	N	C	J	L	C	I	I	A	F	G
T	H	F	K	V	N	K	B	B	V	I	F
U	R	X	O	F	A	S	T	O	P	Z	L
R	Z	V	S	G	C	B	V	S	N	V	F
N	V	K	K	S	A	N	O	U	P	E	B
A	U	C	R	I	P	K	L	P	W	O	S
L	Q	H	U	N	T	E	R	S	N	N	T

Hyenas	Packs
Geckos	Bones
Nocturnal	Hunter
Tail	Fast
Colorful	Spot

Cryptogram Facts

26 18 17 20 6 14   24 8 23 18   5 10 25 25 10 11 6 14   6 13

3 10 11 7   24 8 10 21 14   6 11   3 24 18 10 21   13 18 18 3 .

3 24 18 14 18   24 8 10 21 14   25 18 3   3 24 18 5   14 3 10 17 20

3 6   19 8 25 25 14   8 11 22   17 18 10 25 10 11 26 14 .

A	B	C	D	E	F	G	H	I	J	K	L	M
8	1	17	22	18	13	26	24	10	4	20	25	5
N	O	P	Q	R	S	T	U	V	W	X	Y	Z
11	6	16	2	21	14	3	9	23	19	12	7	15

24 7 18 11 8 14   8 21 18   8 25 14 6   26 11 6 19 11   8 14

25 8 9 26 24 10 11 26   24 7 18 11 8 14 .   3 24 18 7   5 8 20 18   8

25 8 9 26 24 10 11 26   14 6 9 11 22   3 6   17 6 5 5 9 11 10 17 8 3 18

19 10 3 24   6 3 24 18 21   24 7 18 11 8 14 .

I i

Impalas can leap 10ft high.

Impalas can leap 10ft high.

Impalas are found in Africa.

Impalas are found in Africa.

I i

Their tails have stripes.

Their tails have stripes.

Only males have horns.

Only males have horns.

J j

Jellyfish don't have brains.

Jellyfish don't have brains.

Some jellyfish are immortal

Some jellyfish are immortal

J j

Some don't have tentacles.

Some don't have tentacles.

Jellyfish are found all over.

Jellyfish are found all over.

Word Search

T	I	F	Z	C	O	R	S	J	U	M	P
V	C	J	Z	J	P	U	P	T	S	E	B
H	C	P	N	R	U	O	H	R	I	I	Y
Q	X	D	U	M	M	C	F	A	S	T	O
M	A	K	Q	I	M	P	A	L	A	S	I
Z	A	O	T	E	N	T	A	C	L	E	S
Y	E	I	C	N	A	U	T	A	I	L	R
V	V	H	E	E	C	K	W	C	Q	D	Q
P	H	O	F	L	A	S	E	A	H	K	H
L	K	R	V	O	X	N	W	Z	G	P	Z
N	K	N	J	G	B	U	S	W	I	M	M
O	Y	S	J	E	L	L	Y	F	I	S	H

Jellyfish   Jump

Ocean   Tail

Tentacles   Fast

Impalas   Swim

Horns   Sea

Cryptogram Facts

25 18 3 11 9 11 12   26 2 7   11 7 15   9 8 11 3   25 7

18 11 7 5   15 25 26 8 20 16 25 10 7 12   16 10   8 12 20 11 3 8

11   3 26 8 15 11 16 10 26 .   16 13 8 25 26   18 11 25 7

3 26 8 15 11 16 10 26 8   11 26 8   9 25 10 7 12 .

A	B	C	D	E	F	G	H	I	J	K	L	M
11	4	20	15	8	23	1	13	25	6	22	9	18

N	O	P	Q	R	S	T	U	V	W	X	Y	Z
7	10	3	19	26	12	16	2	17	21	24	5	14

6 8 9 9 5 23 25 12 13   13 11 17 8   4 8 8 7   11 26 10 2 7 15

12 25 7 20 8   4 8 23 10 26 8   15 25 7 10 12 11 2 26 12

8 24 25 12 16 8 15 .   18 10 12 16   9 25 17 8   25 7

12 111 9 16 21 11 16 8 26 .

K k

Koalas are nocturnal.

Koalas are nocturnal.

They eat eucalyptus leaves.

They eat eucalyptus leaves.

K k

Koalas have sharp claws.

Koalas have sharp claws.

Koalas are marsupials.

Koalas are marsupials.

L l

Leopards like to swim.

Leopards like to swim.

Leopards are endangered.

Leopards are endangered.

L l

Leopards hunt at night.

Leopards hunt at night.

Leopards can run 36 mph.

Leopards can run 36 mph.

Word Search

R	Z	B	N	C	D	J	Y	H	U	N	T
A	F	W	O	V	L	E	O	P	A	R	D
M	O	G	T	E	S	H	R	K	I	W	N
A	X	J	D	N	R	B	M	K	E	S	M
R	U	N	T	D	J	Y	Y	J	W	F	O
S	E	I	B	A	C	K	O	A	L	A	S
U	K	G	X	N	L	H	D	S	U	Q	B
P	Y	H	V	G	A	J	I	F	A	S	T
I	W	T	A	E	W	P	E	T	W	Q	O
A	O	E	Q	R	S	J	M	F	U	R	A
L	D	U	D	E	L	E	A	V	E	S	V
S	K	P	P	D	H	V	F	H	W	B	V

Koalas	Endangered
Marsupials	Hunt
Claws	Leaves
Leopard	Fast
Night	Fur

Cryptogram Facts

25 6 5 7 5 17   23 6 14 13   24 17 24 5 7 7 22   14 4 4 23   13 6

23 1 16 14 25   5 17   13 20 4 22   10 4 13   11 6 16 17 13 24 1 4

26 1 6 11   13 20 4   4 24 18 5 7 22 19 13 24 17   7 4 5 9 4 17

13 20 4 22   4 5 13 .

A	B	C	D	E	F	G	H	I	J	K	L	M
5	15	18	23	4	26	10	20	16	3	25	7	11
N	O	P	Q	R	S	T	U	V	W	X	Y	Z
14	6	19	8	1	17	13	24	9	21	12	22	2

7 4 6 19 5 1 23 17   5 1 4   17 25 16 7 7 4 23   18 7 16 11 15 4 1 7

5 14 23   7 16 4   13 6   1 4 17 13   16 14   13 20 4

15 1 5 14 18 20 4 17   6 26   13 1 4 4 17   23 24 1 16 14 10

13 20 4   23 5 22

M m

Moose are herbivores.

Moose are herbivores.

Moose love cold winters.

Moose love cold winters.

M m

Only males grow antlers.

Only males grow antlers.

Males are called bulls.

Males are called bulls.

N n

Newts are cold blooded.

Newts are cold blooded.

Newt skin is bumpy.

Newt skin is bumpy.

N n

Newts can live 20 years.

Newts can live 20 years.

All newts are poisonous.

All newts are poisonous.

Word Search

T	R	T	A	P	S	Q	O	N	V	F	A
B	J	Y	Y	P	T	Z	B	U	M	P	Y
H	G	R	X	H	A	N	T	L	E	R	S
U	Q	A	Y	E	P	W	N	Q	C	T	T
Z	O	G	Z	R	O	E	Y	L	F	Q	S
D	C	L	Y	B	I	W	I	N	T	E	R
V	H	O	M	I	S	X	Q	Q	N	E	B
S	T	F	O	V	O	L	C	W	N	W	Y
M	A	L	O	O	N	E	X	N	E	E	H
A	L	W	S	R	O	Y	G	M	W	T	G
L	L	R	E	E	U	R	G	O	T	E	N
L	E	W	H	S	S	L	L	R	S	G	R

Moose   Bumpy

Winter   Poisonous

Herbivores   Small

Antlers   Tall

Newts   Wet

Cryptogram Facts

2 15 15 26 1　24 14 16 1　17 1 3　18 4 1 8 14 10 15 4 26

6 1 19 14 20 26 1　15 17　10 24 1 9 4　26 9 11 1.　10 24 1 7

24 14 16 1　6 1 1 5　12 5 15 3 5　10 15　17 9 21 24 10

15 17 17　18 14 19 21 26　15 17　3 15 22 16 1 26.

A	B	C	D	E	F	G	H	I	J	K	L	M
14	6	19	8	1	17	13	24	9	21	12	22	2

N	O	P	Q	R	S	T	U	V	W	X	Y	Z
5	15	18	23	4	26	10	20	16	3	25	7	11

5 1 3 10 26　1 14 10　26 2 14 22 22　14 5 9 2 14 22 26　22 9 12 1

6 20 13 26,　3 15 4 2 26　14 5 8　26 5 14 9 22 26.　10 24 1 7

19 14 5　17 9 5 8　17 15 15 8　6 15 10 24　15 5　22 14 5 8

14 5 8　9 5　3 14 10 1 4.

O o

An ostrich can not fly.

An ostrich can not fly.

Ostriches have small brains.

Ostriches have small brains.

O o

Ostriches have strong legs.

Ostriches have strong legs.

One hard kick can kill a lion.

One hard kick can kill a lion.

P p

Puffins fly and swim.

Puffins fly and swim.

Puffins have orange bills.

Puffins have orange bills.

P p

They make growling noises.

They make growling noises.

Puffins are great parents.

Puffins are great parents.

Word Search

U	V	D	G	W	M	M	L	N	O	M	B
U	D	L	S	W	T	U	S	F	W	U	I
P	U	F	F	I	N	L	Q	X	U	H	L
F	S	O	F	D	S	L	E	E	Z	T	L
U	E	R	L	Z	I	O	K	G	F	Y	S
H	M	A	Y	G	T	S	G	E	S	O	Q
M	P	N	T	R	G	N	T	S	X	Y	T
U	M	G	N	H	Q	F	P	R	W	W	U
F	D	E	B	H	E	U	H	L	O	I	U
U	Q	O	I	N	Z	R	L	X	R	N	M
J	M	J	R	L	X	U	S	U	H	E	G
M	U	O	D	K	O	S	T	R	I	C	H

Ostrich   Puffin

Bird   Swim

Strong   Orange

Legs   Bills

Feathers   Fly

Cryptogram Facts

10 3 — 20 24 16 7 24 2 14 — 14 10 24 — 16 14 19 — 15 10 7 4 19 24 16

19 18 19 — 20 11 — 10 3 18 — 15 10 3 22 — 8 10 8 8 10 15.

16 14 19 25 7 — 19 18 19 24 — 10 7 19 — 16 23 20 — 25 3 2 14 19 24

10 2 7 20 24 24.

A	B	C	D	E	F	G	H	I	J	K	L	M
10	17	2	22	19	11	4	14	25	5	21	15	8

N	O	P	Q	R	S	T	U	V	W	X	Y	Z
3	20	26	12	7	24	16	6	9	23	13	18	1

26 6 11 11 25 3 24 — 6 24 19 — 17 20 22 18 — 15 10 3 4 6 10 4 19

16 20 — 2 20 8 8 6 3 24 2 10 16 19 — 23 25 16 14 — 19 10 2 14

20 16 14 19 7. — 10 3 — 10 3 4 7 18 — 26 6 11 11 25 3

24 16 10 8 26 24 — 25 16 24 — 11 19 19 16.

Q q

Quails like to live alone.

Quails like to live alone.

A plume is on their head.

A plume is on their head.

Q q

Quails only fly a little bit.

Quails only fly a little bit.

Quails prefer the desert.

Quails prefer the desert.

R r

Rabbits are very social.

Rabbits are very social.

Rabbits purr like cats.

Rabbits purr like cats.

R r

Rabbits groom themselves.

Rabbits groom themselves.

Rabbits eat their own poop.

Rabbits eat their own poop.

Word Search

J	F	W	P	C	B	P	P	L	U	M	E
S	Y	U	D	M	Q	J	T	E	E	T	H
C	K	S	O	X	D	S	O	C	I	A	L
S	G	D	K	E	K	P	K	A	F	F	L
S	K	E	A	R	S	Q	U	M	X	Q	N
B	K	S	Q	V	V	L	I	C	V	N	V
N	L	P	U	O	D	R	A	L	O	N	E
T	G	F	A	X	S	E	A	V	R	B	R
O	R	I	I	G	Z	M	S	B	B	N	Y
V	O	X	L	D	J	T	A	E	B	Q	N
T	O	R	Y	F	J	U	E	L	R	I	G
L	M	Q	Q	A	H	Y	H	C	L	T	T

Quail   Social

Plume   Groom

Desert   Teeth

Alone   Ears

Rabbit   Small

Cryptogram Facts

4 6 7   2 18 14 1 7   17 10   3   22 14 3 9 18 11   6 7 3 12

9 11   1 3 12 7   17 24   24 7 3 4 6 7 19 11   3 10 12

20 17 14 10 26 7 11   13 11   4 6 7 15   5 3 18 13 .

A	B	C	D	E	F	G	H	I	J	K	L	M
3	20	26	12	7	24	16	6	9	23	13	18	1

N	O	P	Q	R	S	T	U	V	W	X	Y	Z
10	17	2	22	19	11	4	14	25	5	21	15	8

9 3 20 20 9 4 11   18 9 25 7   9 10   5 3 19 19 7 10 11

5 6 9 26 6   31 19 7   3   11 7 19 9 7 11   17 24
.

4 14 10 10 7 18 11   3 10 12   19 17 17 1 11   4 6 7 15

12 9 16   14 10 12 7 19 16 19 17 14 10 12 .

S s

Slugs don't have a skeleton

Slugs don't have a skeleton

Slugs do not have teeth.

Slugs do not have teeth.

S s

Slugs can absorb oxygen.

Slugs can absorb oxygen.

Slugs don't like hot weather.

Slugs don't like hot weather.

T t

Termites do lots of damage.

Termites do lots of damage.

Some termites are blind.

Some termites are blind.

T t

They can't handle sunlight.

They can't handle sunlight.

Termites groom each other.

Termites groom each other.

Word Search

D	X	Y	O	X	Y	G	E	N	P	T	C
D	A	F	W	V	G	Q	F	P	Y	V	R
F	S	R	K	P	B	W	C	R	A	W	L
A	S	P	K	V	T	E	R	M	I	T	E
D	M	I	C	I	D	P	L	A	N	T	S
K	A	V	O	I	S	O	E	O	R	V	F
Z	L	S	X	D	K	S	R	D	H	Y	T
M	L	Z	F	S	A	E	B	L	I	N	D
T	R	I	F	P	L	M	S	L	I	M	E
R	W	E	J	R	E	U	A	B	G	K	R
D	R	Q	P	J	M	H	G	G	V	Y	S
L	L	O	S	B	Z	S	V	S	E	W	F

Slug   Termite

Oxygen   Damage

Crawl   Blind

Slime   Dark

Plants   Small

Cryptogram Facts

24 9 21 6 24   25 16 26 2   9 15 3 6   5 2 3 5 16 19 9 24   16 5

5 25 2   5 15 14   15 23   5 25 2 17 18   25 2 16 10 24   16 3 10

5 25 2 22   25 16 26 2   2 22 2 24   16 5   5 25 2   2 3 10 24

15 23   5 25 15 24 2   5 2 3 5 16 19 9 2 24 .

A	B	C	D	E	F	G	H	I	J	K	L	M
16	11	19	10	2	23	6	25	17	20	4	9	13

N	O	P	Q	R	S	T	U	V	W	X	Y	Z
3	15	14	7	18	24	5	21	26	8	12	22	1

5 2 18 13 17 5 2 24   11 21 17 9 10   5 25 2 17 18   19 15 9 15 3 17 2 24

17 3   15 9 10   23 16 9 9 2 3   5 18 2 2 24 .   13 15 24 5   15 23

5 25 2 13   14 18 2 23 2 18   8 2 5 ,   13 15 9 10 22   8 15 15 10

17 3   8 15 15 10 2 10   16 18 2 16 24 .

U u

Umbrella birds live alone.

Umbrella birds live alone.

They stay high up in trees.

They stay high up in trees.

U u

They fly short distances.

They fly short distances.

They are mostly black.

They are mostly black.

V v

Vultures eat dead animals.

Vultures eat dead animals.

They can glide for hours.

They can glide for hours.

V v

They have strong wings.

They have strong wings.

They bathe after eating.

They bathe after eating.

Word Search

U	M	B	R	E	L	L	A	B	I	R	D
K	C	A	Y	I	F	W	T	R	E	E	S
S	R	L	B	H	Z	L	A	L	O	N	E
U	C	F	Q	I	I	S	D	B	I	G	V
U	W	B	E	N	A	J	J	A	I	G	I
K	U	C	M	A	V	D	Q	T	M	L	M
D	Q	R	B	V	T	U	X	H	K	I	B
H	W	D	M	M	Y	H	L	E	V	D	L
R	M	D	Z	P	W	N	E	T	Q	E	A
R	C	E	F	K	I	X	H	R	U	U	C
R	C	A	D	D	N	S	E	P	Y	R	K
K	S	D	A	Y	G	G	H	W	G	P	E

UmbrellaBird   Dead

Black   Glide

Trees   Feather

Alone   Wing

Vulture   Bathe

Cryptogram Facts

3 16   25 1 15 2 18 22 22 3 15 26 2 7   26 23   3   6 2 11 19 26 14 3 22

5 26 2 7   20 26 6 21   15 22 3 14 12   24 18 3 6 21 18 2 23

3 16 7   3 16   25 1 15 2 18 22 22 3   22 26 12 18   14 2 18 23 6

11 16   26 6 23   21 18 3 7 .

A	B	C	D	E	F	G	H	I	J	K	L	M
3	15	14	7	18	24	5	21	26	8	12	22	1

N	O	P	Q	R	S	T	U	V	W	X	Y	Z
16	11	19	10	2	23	6	25	17	20	4	9	13

17 25 22 6 25 2 18 23   21 3 17 18   3 22 1 11 23 6   15 3 2 18

21 18 3 7 23   3 16 7   16 18 14 12 23   23 11   6 21 18 9

23 6 9   14 22 18 3 16   20 21 26 22 18   24 18 3 23 6 26 16 5

11 16   2 11 6 6 18 16   1 18 3 6 .

W w

Walruses have tusks.

Walruses have tusks.

They gather on beaches.

They gather on beaches.

W w

Walruses live in the arctic.

Walruses live in the arctic.

They rest on floating ice.

They rest on floating ice.

X x

X-Ray Tetras are small.

X-Ray Tetras are small.

They are translucent.

They are translucent.

X x

They live in freshwater.

They live in freshwater.

They have excellent hearing.

They have excellent hearing.

Word Search

A	N	A	X	R	A	Y	T	E	T	R	A
Y	N	U	H	K	B	E	A	C	H	P	L
W	C	F	C	F	I	W	J	J	K	Q	S
A	N	X	R	Z	T	A	F	V	K	N	D
L	O	N	G	E	U	V	U	G	L	S	C
R	P	V	R	E	S	M	F	Y	D	K	B
U	S	A	C	X	K	H	H	Q	N	B	M
S	D	Y	K	L	I	K	W	T	I	C	E
M	F	I	C	U	Z	B	C	A	D	K	E
A	I	B	V	P	I	A	R	C	T	I	C
L	N	Q	O	J	U	Q	R	I	V	E	R
L	E	W	A	I	R	F	O	G	T	Y	R

Walrus   Arctic

Tusk   Small

Ice   Beach

XrayTetra   River

Freshwater   Fin

Cryptogram Facts

16 4 20 22 24 13   24 13 23   9 21 23 17 22   9 24 13 7 13   20 17 7 23

13 7 17   18 2 20 23 13'   5 17 6 6 17 14 6   9 21 23 21   17 14 9 2

13 4 14 5'   13 14 2 16   4 14 5   17 19 23   9 2   21 23 20 18

6 23 9   9 21 23 12   2 24 9   2 15   9 21 23   16 4 9 23 22 .

A	B	C	D	E	F	G	H	I	J	K	L	M
4	11	19	5	23	15	6	21	17	26	7	20	12

N	O	P	Q	R	S	T	U	V	W	X	Y	Z
14	2	18	8	22	13	9	24	3	16	26	10	1

9 21 23   26 22 4 10   9 23 9 22 4   21 4 13   9 22 4 14 13 20 24 19 23 14 9

13 7 17 14   9 21 4 9   19 2 3 23 22 13   17 9 13   13 12 4 20 20

11 2 5 10   12 4 7 17 14 6   9 21 23   15 17 13 21 13

11 4 19 7 11 2 14 23   19 20 23 4 22 20 10   3 17 13 17 11 20 23 .

Y y

Yaks have long hair.

Yaks have long hair.

Most yaks live on farms.

Most yaks live on farms.

Y y

All yaks have horns.

All yaks have horns.

Yaks are herbivores.

Yaks are herbivores.

Z z

Zebras can run 35 mph.

Zebras can run 35 mph.

They spend all day eating.

They spend all day eating.

Z z

Zebras live about 20 years.

Zebras live about 20 years.

Wild zebras live in Africa.

Wild zebras live in Africa.

Word Search

C	X	N	F	Z	R	A	R	H	X	J	D
Z	Q	W	A	F	R	I	C	A	N	U	Z
Z	M	H	A	Q	S	V	R	R	J	R	W
J	W	L	E	T	G	Z	C	U	W	K	V
X	V	G	F	R	F	R	W	H	N	Y	S
A	I	W	Q	D	B	Z	A	O	U	A	S
K	V	Q	A	R	W	I	P	Z	Y	K	T
M	Z	U	X	H	V	X	V	T	E	S	R
Y	E	F	H	E	O	S	P	O	O	X	I
R	B	M	A	Z	R	R	G	Y	R	R	P
P	R	E	I	R	T	O	N	T	P	E	E
R	A	V	R	R	M	F	R	S	Q	D	S

Yaks	Zebra
Hair	Stripes
Horns	Graze
Herbivores	Africa
Farm	Run

Cryptogram Facts

A	B	C	D	E	F	G	H	I	J	K	L	M
14	2	18	8	22	13	9	24	3	16	26	10	1

N	O	P	Q	R	S	T	U	V	W	X	Y	Z
4	11	19	5	23	15	6	21	17	26	7	20	12

Fact 1: YAKS HAVE THICK HORNS THAT ALLOW THEM TO BREAK THROUGH SNOW AND ICE TO FORAGE FOR PLANTS UNDERNEATH.

Fact 2: ZEBRAS ALERT EACH OTHER WITH A SHARP NOISE WHEN THERE IS A PREDATOR AROUND. THEY RUN AWAY IN A ZIG ZAG PATTERN.

Write about your favorite zoo animal.

Write about your pet or a pet you would like to have.

Unscramble (Hint: They are all animals)

BARZE

BIATRB

LUSWRA

GLUS

FNUPIF

OSEFX

UTEVURL

KYAK

OSOME

TASN

Unscramble

ABT

LADERDOP

TYERXTARA

LFEHSILYJ

TENW

ELCMA

TCIORSH

ILUQA

ERED

KECGSO

Unscramble

YASEHN

MRETETI

ALPAMI

OAKSAL

LEGAE

BEMDLURILBAR

A

a

B

b

C

c

D

d

E

e

F

f

G

g

H

h

I

i

J

j

K

k

L

L

M

m

N

n

O

o

P

p

Q

q

R

r

S

s

T

t

U

u

V

v

W

w

X

x

Y

y

Z

z